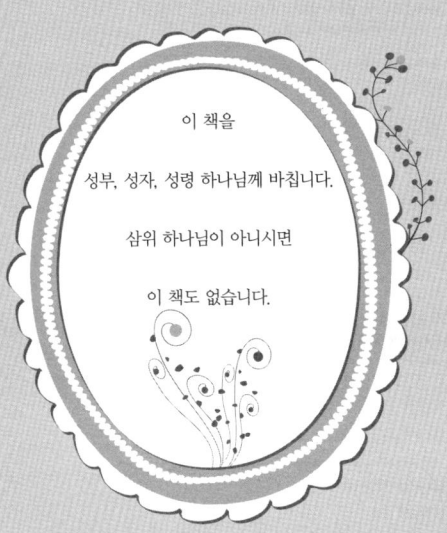

이 책을

성부, 성자, 성령 하나님께 바칩니다.

삼위 하나님이 아니시면

이 책도 없습니다.

31 Word Decrees that will Revolutionize Your Life

by Kevin & Kathy Basconi

Copyright ⓒ 2011 by Kevin & Kathy Basconi

King of Glory Ministries International
P.O. Box 903, Moravian Falls, NC 28654

Korean translation Copyright ⓒ 2013 by Pure Nard
2F 16, Eonju-ro 69-gil Gangnam-gu, Seoul, Korea

The Korean edition is published by arrangement with King of Glory Ministries International.
All rights reserved.

본 저작물의 한국어판 저작권은 '국제 영광의 왕선교회'와의 독점 계약으로 '순전한 나드'가 소유합니다.
저작권자의 허락 없이 이 책의 일부 또는 전체를 무단 복제, 전재, 발췌하면 저작권법에 의해 처벌받습니다.

형통의 문을 여는 31가지 선포기도

초판발행| 2013년 9월 30일
13쇄발행|2024년 11월 4일

지 은 이 | 케빈 & 캐티 바스코니
옮 긴 이 | 박철수
펴 낸 이 | 허철
총　　괄 | 허현숙
편　　집 | 김혜진
디 자 인 | 이보다나
펴 낸 곳 | 도서출판 순전한나드
등록번호 | 제2010-000128
주　　소 | 서울 강남구 언주로69길 16, (역삼동) 2층
도서문의| 02) 574-6702   팩스| 02) 574-9704
홈페이지 | www.purenard.co.kr
인 쇄 소 | 예원프린팅

Printed in Korea
ISBN 978-89-6237-148-2 03230

형통의 문을 여는
31가지 선포기도

케빈 & 캐티 바스코니 지음 | 박철수 옮김

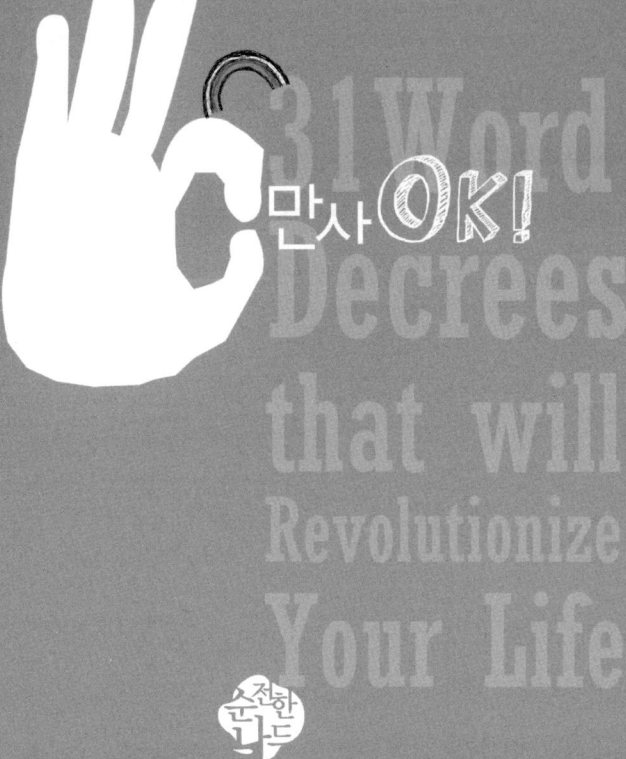

만사 OK!

31 Word
Decrees
that will
Revolutionize
Your Life

추천의 글

사도행전 18장 26절은 아볼로에게 주의 도를 더욱 정확하게 설명해준 아굴라와 브리스길라의 사역을 소개한다. '설명하다' 혹은 '상세히 풀어놓다'라는 단어의 원어적 의미는 '선포하다'이다.

우리는 최근 예수 그리스도의 대속, 부활, 승천에 대한 놀라운 사도적 깨달음을 받은 시대에 살고 있다. 이 세 가지 중 승천은 선포 혹은 보는 것과 선언하는 것을 포함한다.

나는 케빈과 캐티가 아굴라와 브리스길라와 같이 현대의 선견자(seers)로서 하나님의 백성인 그리스도의 몸을 아볼로처럼 만들고, 그들이 '하나님의 도를 더욱 정확하게' 행하도록 돕는 일에 헌신된 이들이라고 믿는다. 이 책은 당신이 그렇게 할 수 있도록 도울 것이다.

스캇 넬슨(Scott Nelson)
뉴시티교회 담임목사

 목차

4_ 추천의 글

6_ 프롤로그

10_ 나는 하나님의 은총 가운데 있다

15_ 바보라고 불러도 좋다

20_ 견고히 서라

26_ 왕과 제사장들

29_ 하나님의 은총 가운데 살라

32_ 하나님의 음성을 인식하는 법을 배우라

36_ 성령의 숨결

40_ 믿기만 하라

45_ 당신의 삶을 변화시키라

51_ 경계를 강화하라

68_ 31가지 선포기도문

100_ 에필로그

110_ 영접기도문

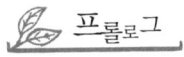 프롤로그

성경은 우리에게 하나님의 말씀은 살아 있으며 예리하다고 말한다. "하나님의 말씀은 살아 있고 활력이 있어 좌우에 날선 어떤 검보다도 예리하여 혼과 영과 및 관절과 골수를 찔러 쪼개기까지 하며 또 마음의 생각과 뜻을 판단하나니"(히 4:12). 기름부음 받은 하나님의 말씀은 우리의 삶을 변화시킨다.

예수님을 구주로 영접한 지 얼마 안 되었을 때, 나는 그리스도를 믿는 초신자로서 하나님의 말씀에 대한 초자연적 갈망을 키워나갔다. 그 당시 나는 속사람 깊은 곳을 말씀으로 채워야할 필요를 느꼈다. 지금은 그것이 '진짜 나' 곧 오랜 기간 생명의 떡에 굶주렸던 나의 영이라는 사실을 안다! 우리는 날마다 우리 몸에 음식을 공급하듯 우리의 영과 혼도 잘 먹여야 한다.

예수님은 우리에게 다음과 같이 말씀하셨다. "사람이

떡으로만 살 것이 아니요 하나님의 입으로부터 나오는 모든 말씀으로 살 것이라"(마 4:4). 초신자 시절, 나는 날마다 하나님의 말씀을 읽고 내 삶을 향해 그분의 말씀을 선포했다. 그렇게 하면 할수록 더 이상 혼란스럽지 않고 평안을 누릴 수 있다는 사실을 발견했다.

예수님을 나의 구주로 영접하는 기도를 드린 바로 그 순간 과거 30년간 지속된 마약과 알콜 중독에서 즉시 자유케 되었다.

그 후 어느 날, 나는 라디오를 켜놓고 일을 하고 있었다. 그런데 한 남자가 역대상 4장 9-10절에 대해 이야기하는 것을 들었다. 그 본문은 야베스의 기도로 잘 알려진 말씀이다. 그 방송을 들은 뒤 나는 매일 야베스의 기도로 기도하기 시작했다. 헤아릴 수 없을 만큼 자주 야베스의 기도로 기도했고, 일하러 갈 때마다 큰 소리로 기도했다. "주께서 내게 복을 주시려거든 나의 지역을 넓히시고 주의 손으로 나를 도우사 나로 환난을 벗어나 내게 근심이 없게 하옵소서 하였더니 하나님이 그가 구하는 것을 허락하셨더라."

나는 어려운 일이 생길 때마다 야베스의 기도로 하나님께 나의 긴급한 필요와 도움을 말씀드렸다. 예를 들어, 월세를 내야 하는 날이 다가오면 나는 이렇게 기도했다. "참으로 나를 축복해주시는 주님, 감사합니다. 오늘도 나를 놀라운 방법으로 축복해 주옵소서. 주의 손으로 나를 도우사 재정의 지경을 넓히셔서 월세를 지불하게 하실 것을 인해 감사드립니다. 주께서 나를 악으로부터 지켜주셔서 어떤 고통도 받지 않을 것을 인해 감사드립니다. 아멘."

그런데 정말 그 어려운 시련 가운데 나는 한 번도 월세를 늦게 내거나 못낸 적이 없었다. 나는 그렇게 하나님을 의지하는 법을 배웠다. 물론 그럼에도 불구하고 당시 나는 가난의 시련을 겪고 있었다. 그것은 분명한 사실이었다. 인간적으로 내가 처한 환경을 바라보면 종종 월세를 낼 길이 없는 것처럼 보였다. 그러나 하나님은 그 시련의 계절에 나의 필요를 초자연적으로 공급하셨고 항상 신실하셨다!

할렐루야! 높은 곳에 계신 하나님께 영광을 올려드립니다! 나사렛 예수 그리스도는 오늘도 한결같이 이 땅을 통치하십니다!

매일의 선포로 하늘의 유업을 누리는

복된 습관 만들기

---

31 Word Decrees That will Revolutionize Your Life

나는 하나님의 은총 가운데 있다

나는 하나님의 말씀에 기초한 이 기도가 놀랍게도 내가 직면하고 있는 환경을 급속히 변화시켰다는 사실을 즉시 깨달았다. 나의 삶을 향해 말씀을 선포할 때, 초자연적인 변화가 급격하게 일어났다. 그 시기에 주님은 나에게 성령으로 충만한 놀라운 멘토를 보내주셨다. 그녀의 이름은 오메가 다울(Omega Dowell)이었다. 마마 다울(Momma Dowell)은 내 인생을 향해 하나님의 말씀을 큰 소리로 선포하는 것이 얼마나 중요한지에 대해 많이 가르쳐주었다. 그녀는

늘 모든 사람에게 말했다. "나는 오늘 하나님의 선한 개입(Divine intervention)으로 인해 참된 축복과 큰 은총을 받았습니다. 그리고 나는 하나님의 은총(FOG: the Favor Of God) 가운데 있습니다."

그녀의 가르침을 받게 된 이후, 나는 하나님의 말씀을 선포하고 외치고 기도하는 일상의 습관에 이 긍정적인 말씀의 고백을 추가했다. 그렇게 내 삶과 환경을 향해 날마다 긍정적인 말씀을 선포했다. 당시 나는 가난했고, 병들었고, 빚에 허덕였다. 그러나 어느새 중독과 낙망과 거절에 찌든 침울한 삶에서 빠져나오고 있었다.

나는 성경을 통해 내가 주 안에서 형통하고 건강하다는 말씀(요삼 1:2)을 보았다. 또한 단순히 예수 그리스도를 믿는 믿음 때문에 내가 하나님의 자녀가 되었다는 말씀(롬 8:14, 갈 3:26)도 보았다. 하나님의 말씀은 내가 나았다는 것을 알려주었다(마 8:17, 벧전 2:24, 사 53:5).

얼마 후 내가 왜 가난과 질병에 억눌린 삶을 살고 있는지 궁금해졌다. 만일 성경이 하나님의 말씀이고 참된 진리라면, 나는 절망과 질병, 가난, 그리고 거절감과 씨름할 필요가 없는 것이었다. 그러나 나의 현실은 그 반대였다. 그것은 부인할 수 없는 현실이었다. 그래서 이 문제에 대해 하나님께 묻기 시작했다.

"하나님을 찬양하라!" 귀하신 성령님은 내게 부드러운 음성으로 말씀하셨다. 성령님은 마치 우리가 친구에게 하듯이 다정하게 말씀하신다. 그분은 내게 이렇게 말씀하셨다. "나로 하여금 너를 향한 약속들을 기억하게 하라." 그때에는 이 말씀이 실제로 성경에 있는지 몰랐다. 그러나 나는 더 많은 노력을 기울여 나를 위해 기록된 성경말씀을 하나님께 상기시켜 드리며 그것을 가지고 끈질기게 주님께 아뢰었다.

나는 내 삶을 향한 하나님의 말씀과 마마 다울에게서 배운 고백을 지속적으로 선포하며 외쳤다. 또한 야베스의 기도로 거의 쉼 없이 기도했다. 지금까지도 나는 나의 원수를 위해 기도할 때면, 야베스의 기도로 그들을 위해 기도한다(마 5:44).

밤에 침대에 누워 잠을 청하기 전, 나는 나에게 주신 약속의 말씀을 주님께 상기시켜 드렸다. 그리고 그분이 약속하신 형통과 축복에 대해 감사드렸다. 비록 현실은 가난하고, 병들고, 많은 문제와 시련에 직면하고 있을지라도 내가 받은 치유로 인해 감사드렸다.

나는 단지 주님께 감사하는 마음으로 웃으며 잠자리에 들었다! 나를 형통케 하실 주님으로 인해 그저 하나님을 찬양했다. 나를 치유하실 주님으로 인해 감사했다. 나는 이것을 3개월 동안 매일 했다. 또한 이 기간 동안 하나님의 말씀을 연구하고 읽었다. 비록 나의 현실은 여전히 비참했지만, 주님께 가까이 다가갈 수 있는 놀라운 시간이었다.

예수님께서 격려해주신 대로 나는 생명의 떡(The Bread of Life)으로 내 영을 채워나갔다. 그러자 아주 놀라운 초자연적인 일이 일어나기 시작했다. 말씀 안에서 하나님을 찾았을 때, 성경의 하나님은 내게 가까이 다가오셨다. 야고보서 4장 8절은 이것을 우리에게 약속한다. "하나님을 가까이하라 그리하면 너희를 가까이 하시리라."

바로 이 시기에 나는 처음으로 천사들을 대면하기 시작했다. 이런 초자연적 경험들은 하나님 나라의 실재에 관한 나의 생각을 바꾸었다(천사의 방문과 천국에 관한 더 많은 진리를 공부하기 원한다면 저자의 책 《천상의 천사》를 보라).

그것은 하나님의 기름부음 받은 말씀을 당신의 삶을 향해 선포할 때 누릴 수 있는 경이로운 초자연적인 혜택 중 하나이다. 당신은 예수님께 더 가까이 가고, 그분은 당신에게 더 가까이 다가오실 것이다. 그것이 우리 인생의 전부이다. 우리에게는 주님이 필요하다. 나는 이 책을 통해 당신이 이전보다 더 주님과 친밀히 동행하기를 기도한다. 당신이 어디를 가든지 주님은 매일 당신과 함께 동행하기를 원하신다.

2001년 11월 25일 나는 주 예수님의 방문을 받았고, 그분의 초자연적인 사랑을 경험했다. 당신을 향한 구세주의 사랑의 크기는 이 땅의 그 어떤 말로도 도저히 표현할 수 없다. 하나님의 아들(The Son of God)은 당신과 친밀한 교제를 나누길 갈망하신다. 그리고 당신을 향한 그분의 사랑은 당신의 생각과 상상을 훨씬 초월한다. 누군가 그것을 노래로 만든다면, 그 음악이 어떠할지는 상상으로만 가능할 것이다.

바보라고 불러도 좋다

대부분의 그리스도인들은 내가 정신이 나간 건 아닌지 궁금해했다. 사실 많은 사람들이 나를 측은히 여겼다. 당시 나는 가난했고 병들었다. 그리고 가진 모든 것을 대부분 잃은 상태였다.

하지만 사람들이 가게에서 나를 보거나 길거리나 교회에서 우연히 만났을 때 어떻게 지내느냐고 물으면, 나는 한결같이 그들에게 이렇게 말했다. **"나는 오늘 하나님의 선한 개입과 축복, 큰 은총과 놀라운 은혜를 누리고 있습니다. 나는 왕의 자녀입니다. 멜기세덱의 반차를 따른 왕**

같은 제사장이며 하나님의 은총(FOG: Favor Of God) **가운데 있습니다!"**

이 말에 사람들은 보통 위선적인 웃음으로 자신의 감정을 감추려 했다. "참 좋은 말이네요." 겉으로는 이렇게 대꾸했지만, 정작 그들은 그 말을 믿지 않았다. 대다수의 사람들은 나를 이상한 눈초리로 바라보았다. 내가 불쌍하다는 듯한 눈빛으로 바라보며 멀어져간 그들의 얼굴이 지금도 또렷이 떠오른다.

그들은 내가 미쳤다고 생각했다! 분명 병들고 곤핍한 삶을 살고 있는데, 내가 계속 축복을 받았다고 말했기 때문이다. 빈민촌의 작고 초라한 집에 살고 있었지만, 나는 끊임없이 큰 은총을 받은 자라고 외쳤다! 라면과 싸구려 음료를 먹으면서도 나는 왕의 자녀라고 선포했다! 사람들은 그런 나를 바보라고 생각했다!

당시 교회 안팎의 많은 사람들이 내가 얼마나 오랫동안 예수님과 동행하는지를 두고 내기를 걸었다는 사실을 나중에야 알게 됐다. 나는 이 글을 쓰고 있는 지금까지 변함없이 나를 향한 약속의 말씀을 선포해왔다. 이 일을 한지 벌써 10년이 지났고, 하나님의 은혜로 나는 나날이 더 견고해지고 있다! 할렐루야! 하나님은 참으로 좋으신 분이다!

사람들이 무의식적으로 내게 어떻게 지내냐고 물으면, 나는 즉시 내가 암송한 말씀을 선포한다. 여러 사람이 내게 물었다. "어떻게 지내세요?"

우리는 보통 아무 생각 없이 그렇게 인사한다. 그렇지 않은가? 사실 그것은 그저 습관적으로 하는 말일 뿐이다. 우리는 그 말에 실제로는 관심이 없거나 아주 가끔 의미 있게 말하곤 한다. 안 그런가? 그러나 나는 그때마다 그것을 내 인생을 향해 말씀을 선포할 기회로 삼았다.

나는 지금도 그렇게 한다. 마트의 계산대 직원이 어떻게 지내냐고 물으면 나는 언제든 열정적으로 말한다. "나는 오늘 하나님의 선한 개입과 축복, 큰 은총과 놀라운 은혜를 누리고 있습니다. 나는 왕의 자녀입니다. 멜기세덱의 반차를 따른 왕 같은 제사장이며 하나님의 은총(FOG) 가운데 있습니다!"

그러면 사람들은 대개 자동차 헤드라이트를 보고 놀

란 사슴처럼 입을 떡 벌리고 나를 쳐다본다. 순간적으로 내가 선포한 말의 힘 때문에 놀라서 나를 멍하게 쳐다보는 것이다.

그때 나는 그들에게 말한다. "FOG가 뭔지 알고 싶으세요?" 보통 놀란 그들은 눈을 깜빡이며 나를 쳐다본다. 모든 사람이 다 FOG를 알고 싶어 하는 것은 아니다.

어떤 사람은 내가 새로운 마약에 취한 것으로 착각하기도 했다. 그는 내가 FOG라는 마약에 완전히 취했다고 생각했다. 사실 그랬다. 나는 마치 높이 떠 있는 연처럼 지극히 높으신 하나님께 완전히 취했다! 그래서 FOG에 관한 모든 것을 사람들에게 말해준다. "FOG는 하나님의 은총(Favor of God)입니다. 당신은 오늘 어떠세요?"

이처럼 사람들은 내 인생을 향해 하나님의 기름부음 받은 말씀에 기초한 예언적 선포를 할 수 있는 기회를 제공한다! 그러면 나는 어김없이 좋은 기회를 놓치지 않고 그 말씀을 선포한다! 당신도 선포해보라! 때때로 사람들이 당신이 미쳤다고 생각할 수도 있겠지만 괜찮다! 어쨌든 당신은 말씀 선포의 유익을 마음껏 누리며 감사할 수 있고,

언제든 그 말씀을 당신의 삶에 선포할 수 있다. 하나님의 말씀은 그것을 자신의 삶의 변화를 위해 선하게 사용하기를 원하는 모든 사람에게 언제든 열려 있다.

만일 당신이 그렇게 한다면, 마마 다울이 구름같이 허다한 증인들과 함께 당신을 내려다보며 환하게 웃을 것이라고 확신한다. 어쩌면 그녀는 이렇게 말할지도 모르겠다. "할렐루야, 진정한 축복과 큰 은총을 지금 받은 자로다!"

견고히 서라

이런 옛말이 있다. "만일 당신이 무언가를 지지하거나 나타내지 않는다면, 당신은 어떤 것에도 쉽게 무너질 것이다." 나는 예수님을 나타내고 싶다. 언제 어디서나 그분의 거룩한 이름, 모든 이름 위에 뛰어난 이름, 하늘과 땅에 있는 모든 피조물이 무릎 꿇는 그 이름을 선포하는 것을 사랑한다. 그렇다. 나는 그분의 거룩한 이름을 찬양한다! 나는 그 이름 위에 서고 싶다. 모퉁잇돌, 내 구원의 반석 위에 견고히 서고 싶다! 할렐루야! 친구여, 당신은 오늘 어디에서 있는가?

우리가 예수님의 이름을 말할 때, 그 이름에는 능력이 실린다. 주님은 우리에게 그분의 이름을 사용할 권리를 주셨다. 그 이름 안에 주님이 이 땅을 거니실 때 사용하신 동일한 능력과 권세가 있다.

제자들이 예수님과 함께할 동안에는 결코 예수님의 이름을 사용하지 않았다. 예수 그리스도께서 온 인류를 위한 대속물이 되기 위해 십자가에 달리신 이후 우리는 그분의 이름으로 선포하고 기도할 수 있는 권리를 받았다. 주님의 보혈로 우리의 죄를 정결케 하기 위한 온전한 대가가 지불된 이후에야 우리의 삶과 환경을 향해 예수님의 이름으로 기도하고 선포할 수 있는 권리를 얻은 것이다. 그것은 예수님이 갈보리 십자가에 달려 돌아가신 후 한 번도 사용하지 않은 새 무덤에 장사된 이후였다. 주님이 당신과 나에게 그분의 거룩한 이름을 사용할 능력을 주신 것은 그분이 죽은 자 가운데 부활하신 직후였다.

주님을 찬양하라! 오늘 나사렛 예수 그리스도의 이름으로 기도하고 선포할 수 있는 특권과 권세가 우리에게 있다. 왜 그런가? 비록 우리의 자격이나 선함이 부족할지라도 그 이름 안에서 우리가 기쁨이 충만하고 온전할 수 있기 때문이다. 그것이 이유다. 예수님의 이름 안에는 번영, 은총, 치유, 그리고 우리의 영, 혼, 육을 위한 온전한 구원이 있다. 예수님은 요한복음 16장 24절에서 이렇게 약속하셨다. "지금까지는 너희가 내 이름으로 아무 것도 구하지 아니하였으나 구하라 그리하면 받으리니 너희 기쁨이 충만하리라."

예수님은 우리가 더 이상 그분께 구하지 않을 날이 올 것이라고 예언하셨다. 그 이유는 주님이 십자가에 달려 죽으시고 제 삼일에 죽은 자 가운데 살아나실 것을 아셨기 때문이다. 하나님께 영광을! 주님이 이루셨다. 주님은 죽은 자 가운데 부활하시고 승천하사 만왕의 왕과 만주의 주로 높은 보좌에 좌정하셨다. 예수님은 우리를 위해 하나님 아버지의 임재가 있는 천국으로 가는 길을 내셨다. 그리고 우리는 마음껏 그분을 따를 수 있다. 그분이 우리의 선두주자이시기 때문이다. "그리로 앞서 가신 예수께서 멜기세덱의 반차를 따라 영원히 대제사장이 되어 우리를 위하여 들어 가셨느니라"(히 6:20).

예수님은 당신과 나를 위한 본이 되셨다. 우리는 하나님 아버지 앞에 왕과 제사장이다. 이것이 바로 우리가 때를 따라 돕는 은혜를 얻기 위해 하나님의 권능의 보좌에 담대히 나아갈 수 있는 실제적인 비결이다(히 4:16). 에베소서 4장 8절 역시 이런 그리스도의 고난의 측면을 분명히 보여준다. "그러므로 이르기를 그가 위로 올라가실 때에 사로잡혔던 자들을 사로잡으시고 사람들에게 선물을 주셨다 하였도다."

사람들에게 주신 중요한 선물 중 하나인 그분의 이름은 무엇인가? 예수님은 우리에게 그분의 이름 안에서 아버지께 기도할 능력을 주셨다. 예수님은 우리가 그분의 이름으로 기도하거나 무언가를 구하게 될 '그날'을 예언하셨다. 그분을 따르는 사람들이 그때(십자가에 달리시기 전)까지는 그분의 이름으로 요청하거나 기도할 수 없다고 말씀하셨다.

나는 당신에게 마태복음, 누가복음, 마가복음, 그리고 요한복음을 읽어보기를 권한다. 그러면 당신은 이 말씀이 참으로 진실하다는 것을 발견할 것이다. 제자들은 주님과 동행했던 3년 동안 예수님의 이름으로 기도하지 않았다.

예수님은 우리에게 그날이 오면 우리가 예수 그리스도의 이름으로 무엇이든지 아버지께 구할 자유, 권리, 권세, 그리고 특권이 있고, 하나님 아버지는 당신이 무엇이든지 구하면 주실 것이라고 말씀하셨다. 무엇이든지(whatever)의 뜻은 어떤 것이든지(anything)이다! 물론 우리는 아버지의 뜻을 따라 구해야 한다.

'그날'은 언제인가? 바로 예수님이 갈보리에서 고난당하시고 승천하셔서 아버지의 우편에 앉으신 날이다. 우리는 바로 그날을 살고 있다! 할렐루야!

말씀으로 하늘과 땅을 창조하신 하나님이 당신과 나에게 나사렛 예수 그리스도의 놀라운 이름으로 무엇이든지 구할 수 있는 권리와 권세를 주셨다. 그리고 우리가 무엇을 구하든 응답하시겠다고 약속하셨다. 이 얼마나 좋은 때인가!

그 이름을 사용하는 법을 배우라. 그 이름 위에 서는 법을 배우라. 그리스도의 이름 안에 있는 당신이 누구인지

배우라! 당신은 우리 하나님 아버지를 섬기도록 그리스도의 보혈로 정결케 된 왕과 제사장이다.

내가 마약 중독에서 자유케 된 순간 그리스도의 빛의 나라로 옮겨졌다! 나는 즉시 왕과 제사장으로 변화되었다. 어둠의 나라에서 뽑혀 즉시 하나님의 거룩한 빛의 나라로 옮겨졌다. 나는 주님의 가족으로 접붙인 바 되어 그리스도의 공동 상속자가 되었고, 영원한 유업을 값없이 받았다. 만일 당신이 거듭나거나 구원받는다면, 당신 또한 즉시 하나님의 거룩한 빛의 나라로 옮겨질 것이다. 그리고 그에 따른 놀라운 상급과 초자연적인 축복을 받을 것이다! 할렐루야!

왕과 제사장들

요한계시록 5장 10절은 그리스도의 보혈을 통해 우리가 하나님 앞에서 왕과 제사장이 되어 땅을 다스릴 것이라고 말한다. 우리가 땅을 다스린다는 의미를 정확히 알고 있는가? 이 말씀은 우리의 육신이 죽어 새로워진 모습으로 천국에 갈 때, 세상과 영원히 작별하는 때를 말하는 것이 아니다. 이것은 생전에, 바로 지금 이 땅을 통치하고 다스리는 것을 말한다!

이것이 어떻게 가능한가? 그것은 당신과 내가 하나님

의 아들의 이름, 곧 우리를 위해 역사하시는 나사렛 예수 그리스도의 이름을 사용할 수 있는 무제한적 권능을 통해서이다. 예수님의 이름 안에는 능력이 있다. 그러므로 우리는 그 이름을 놀라운 무기로 자유롭게 사용하는 법을 배워야 한다. 나사렛 예수 그리스도의 이름 안에 있는 하나님의 기름부음 받은 말씀을 고백함으로 없는 것을 있는 것으로 선포하고 부르라! 당신의 입으로 선포하는 것을 결국 차지하게 된다는 것은 진리다!

당신이 이 책에 있는 31가지의 말씀을 선포할 때, 예수 그리스도의 이름은 당신이 사용할 수 있는 가장 놀랍고 복된 영적 선물이 된다. 어린 양의 이름 안에 권능, 참으로 놀라운 일을 행하는 권능이 있다! 일을 할 때, 기도할 때, 그리고 하루의 일상 가운데 예수 그리스도의 이름을 사용하는 법을 배우라! 그러면 그것이 당신의 삶 가운데 역사할 것이다! 날마다 당신의 삶을 향해 하나님의 약속들을 전심으로 고백하고, 선포하고, 말하기로 뜻을 세우라! 나사렛 예수 그리스도의 놀랍고 장엄한 이름 안에 있는 기름부음 받은 하나님의 말씀의 토대 위에 왕과 제사장으로서 견고히 서라!

당신의 삶과 환경을 향해 예수 그리스도의 이름으로 선포하기 시작할 때 상황은 변하게 된다. 지옥에 있는 모든 마귀들은 그 이름에 굴복하고 만다. 그리고 하늘에 있는 모든 천사들은 나사렛 예수 그리스도의 이름으로 선포된 하나님의 기름부음 받은 말씀을 주목할 것이다(시 103:20).

이 책에 있는 하나님의 기름부음 받은 말씀을 선포할 때, 당신의 삶이 나사렛 예수 그리스도의 이름의 능력으로 변화될 것을 기대하라!

하나님의 은총
가운데 살라!

하나님께서 나의 믿음의 고백에 응답하시기까지 그리 오래 걸리지 않았다. 2년이 채 지나기도 전에 주님은 나의 삶을 바꾸셨다. 예수님은 나에게 질병 대신 건강을 주셨다. 주님은 초자연적으로 나를 가난에서 번영으로, 수치에서 영광으로 옮기셨고, 거의 하룻밤 사이에 국제적인 사역을 열어주셨다! 할렐루야! 하나님께 영광을!

어떻게 그렇게 되었는가? 나는 나의 삶과 환경을 향해 그분의 말씀을 고백하고, 선포하고, 말하기 시작했다. 나를 위해 예수 그리스도의 이름 안에 있는 능력을 사용했다. 당신 역시 그렇게 할 수 있다.

주님은 내 삶을 완전히 변화시키셨다. 나는 오늘도 위대하고 위대한 은혜와 하나님의 선한 개입(Divine intervention)을 받는다. 내가 진정 큰 복과 은총을 받은 존재라는 것은 분명한 사실이다. 나는 왕의 자녀이다. 멜기세덱의 반차를 따른 왕 같은 제사장이며, 하나님의 은총(FOG: Favor Of God) 가운데 있다! 내가 성령의 부드러운 감동을 따라 하나님께 나를 향한 그분의 약속을 상기시켜 드릴 때, 그분은 내 삶을 변화시키셨다. 몇 년 후 나는 이 말씀을 발견하고 "할렐루야"를 외쳤다! "너는 나에게 기억나게 하라 우리가 함께 싸우자 너는 말하여 네가 무죄함을 나타내리라"(사 43:26, 개역개정은 싸움을 '변론'으로, 무죄함을 '의로움'으로 번역함 - 역주).

때때로 우리의 영은 우리의 변화되지 않은 생각과 혼보다 월등히 많은 것을 안다. 하나님은 그분의 자녀들에게 영(spirit)으로 말씀하신다. 그러므로 우리는 우리의 새로워진 영에 주목하는 법을 배울 필요가 있다! 성령님은 내 영에 구약성경을 사용하라고 말씀하셨다.

매일 이 책에 있는 선포의 말씀을 고백할 때, 당신은 당신을 향한 하나님의 약속을 아버지께 기억나게 하는 것이다. 그분의 말씀은 하나님께서 당신의 돌파나 의로움을 위해 당신과 함께 싸우실 것이라고 약속한다. 온 우주의 하나님은 당신이 당신의 싸움을 잘 싸울 수 있도록 도우실 것이다. 하나님이 우리 편이시면 누가 우리를 대적할 수 있겠는가(롬 8:31).

하나님의 음성을
인식하는 법을 배우라

나는 나를 위해 기록된 성경말씀에 친숙하지 않았지만, 성령의 음성을 인식하는 법을 배웠다. 이 과정은 학습곡선과도 같아서 하나님의 음성을 분명하게 듣기까지 여러 단계를 거쳐야 했지만, 그분은 나에게 꾸준히 말씀하셨다. 아마도 하나님은 당신에게도 말씀하고 계실 것이다.

당신이 하나님의 음성을 인식하는 법을 배우는 과정 또한 하나의 학습곡선과 같을 것이다. 하지만 만일 당신이 부지런히 듣는다면, 당신은 그분의 음성을 아주 분명하게 인식하게 될 것이다.

성경은 우리가 하나님의 백성, 그분의 목장의 양이라고 말씀한다. 우리는 그분의 돌봄을 받는 양이다. 이것은 참으로 위로가 되는 말씀 아닌가? 그분의 양인 우리는 그분의 음성을 들을 수 있다. 왜냐하면 주님은 우리와 교제하고 친밀함을 나누기를 갈망하시기 때문이다. 우리를 사랑하시는 하나님은 우리 삶의 모든 소소한 문제에 관해 우리와 함께 이야기하고 동행하길 원하신다(시 95:7-8).

주님의 말씀을 기억하라. "내 양은 내 음성을 들으며 나는 그들을 알며 그들은 나를 따르느니라 내가 그들에게 영생을 주노니 영원히 멸망하지 아니할 것이요 또 그들을 내 손에서 빼앗을 자가 없느니라"(요 10:27-28). 주님은 매일의 삶 가운데 당신에게 말씀하시며, 당신은 주님의 음성을 들을 수 있다. 이 사실을 반드시 기억하라.

예수님을 믿는 당신 안에는 성령님이 계신다(고전 3:16). 이 성령께서 아주 명확하게 말씀하시는 때가 있다. 높은 곳에서 오신 그분은 우리를 인도하고 가르치신다. 우리가 마음을 열면, 그분은 우리에게 친구처럼 말씀하시고 삶의 모든 소소한 일까지도 관여하시며 우리를 도우실 것이다. 성령님은 사도행전 13장 2절에서 분명히 말씀하셨다. "성령이 이르시되 내가 불러 시키는 일을 위하여 바나바와 사울을 따로 세우라."

귀하신 성령님은 오늘도 여전히 말씀하고 계신다. 만일 우리가 들을 준비를 하면, 그분이 우리에게 하시는 말씀을 실제적으로 쉽게 들을 수 있다. 성령님은 언제나 당신을 주님께로 더 가까이 이끄시고, 하나님의 아들 예수 그리스도를 높이신다.

예수님은 우리에게 이러한 성령의 사역을 기대하라고 말씀하셨다. "보혜사 곧 아버지께서 내 이름으로 보내실 성령 그가 너희에게 모든 것을 가르치고 내가 너희에게 말한 모든 것을 생각나게 하시리라"(요 14:26). 달리 말하자면, 성령님은 우리를 가르치고 인도하신다. 성령님은 우리에게 말씀하심으로 이 약속을 성취하시며, 다양한 방법으로 이 일을 행하신다.

이것을 위해 나는 당신이 하나님의 음성을 듣기 위해 마음을 여는 것이 중요하다는 것을 알기 원한다. 성령님은 예수님의 이름으로 우리를 돕기 위해 오셨다. 하나님이 우리에게 말씀하시는 가장 일반적인 방법은 성령을 통해서이다. 내주하시는 성령님은 영으로 당신에게 말씀하실 것이다. 당신이 하나님의 음성을 듣는 것은 매우 중요하다.

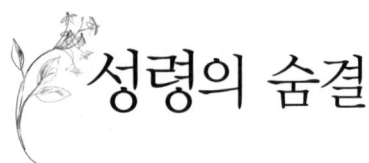
성령의 숨결

 2010년 후반부터 2011년 초반까지 주님은 매일 내 삶을 향해 선포할 말씀을 기록하라고 하셨다. 금식과 기도로 기다리는 가운데 주님은 이 책에 담겨진 선포의 말씀들을 나의 영에 신실하게 심어주셨다. 그분은 영으로 내게 말씀하셨다. 후에 성령님은 이 말씀의 고백을 기록하여 다른 사람들도 그들의 삶을 향해 말씀을 선포할 수 있도록 하라고 격려해주셨다. 욥기 22장 28절의 말씀은 우리에게 용기를 준다. "네가 무엇을 선포하면 그것은 너를 위해 이루어질 것이요 네 길에 빛이 비치리라"(개역개정은 '네가 무엇을 결정하면 이루어질 것이요'라고 번역됨 - 역주). 그렇게 이 책이 탄생했다.

당신의 손에 들린 이 책은 기도와 금식의 계절 가운데 성령의 도우심으로 잉태되었다. 96시간도 안 걸려 완성됐지만, 이 책은 당신의 삶에 혁명을 일으킬 것이다! 왜 그런가? 성령의 숨결이 그 위에 있기 때문이다! 그리고 하나님의 말씀은 살아 있고 활력이 있어 좌우에 날선 어떤 검보다도 예리하여 혼과 영과 및 관절과 골수를 찔러 쪼개기까지 하며 또 마음의 생각과 뜻을 판단한다(히 4:12).

당신이 이 짧은 말씀의 고백을 당신의 삶에 선포할 때, 그분이 내게 행하신 것처럼 당신도 당신의 환경을 더 나은 모습으로 바꾸시는 온 우주의 하나님을 보게 될 것임을 확신한다. 이것은 요한계시록 19장 10절 하반부에 기록된 성경적 원리이다. "예수의 증거는 예언의 영이다!"

주님이 내게 행하신 것을 당신에게도 동일하게 행하실 것이다. 나는 주님께서 당신에게 갑절로 부어주시기를 원한다. 그분은 당신에게 더욱 엄청난 것들을 거저 주고 싶어 하신다!

성령께서 이 말씀을 잉태하셨기 때문에 나는 '성령의 숨결'이 이 책의 말씀 위에 임재해 있음을 믿는다. 히브리서 4장 12절에 묘사된 것처럼 이 말씀들은 살아 있고 활력이 있다.

하나님의 말씀은 당신의 삶을 바꿀 수 있다. 지금까지 나의 삶과 환경을 향해 하나님의 말씀을 선포했을 때 그 말씀이 어떻게 나의 끔찍한 상황을 변화시켰는지 간략히 설명했다. 하나님의 숨결이 살아 있는 말씀은 당신에게도 동일하게 역사할 수 있다. 그 이유는 하나님은 누구도 차별하지 않으시기 때문이다. 하나님 앞에 우리는 모두 동등하다. 그리고 그분은 우리 모두를 동일하게 사랑하신다.

주께서 내게 행하신 것을 당신에게도 동일하게 행하실 것이다. 이것이 하나님 나라의 아름다움이다. 그러나 때로 우리에게 맡겨진 역할을 먼저 감당해야 할 때가 있다. 주님이 우리를 위해 예비하신 하나님 나라와 그로 인한 축복을 누리기 위해 우리가 감당해야 할 몫이 있다. 예수님 또한 이 주제에 관해 말씀하셨다. 하나님을 찬양하라! 우리의 역할은 결코 어렵지 않다.

우리는 성경 연구를 통해 우리 삶에 주어진 하나님의 초자연적 축복과 은총을 활성화시키는 방법을 발견할 수 있다.

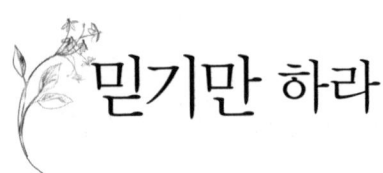
믿기만 하라

　때때로 우리는 단순히 믿을 필요가 있다. 만일 우리가 하나님에 대한 가장 작은 믿음이라도 긁어모을 수 있다면, 우리는 그분의 축복과 능력의 손을 움직일 수 있다. 주님은 당신을 위해 일하시고 역사하실 것이다. 왜냐하면 그분은 영원한 사랑으로 당신을 사랑하시기 때문이다. 이것은 진실이다. 아버지는 크고 놀라운 방법으로 당신을 축복하기를 원하신다. 나는 이 진리를 안다. 그리고 당신 역시 이것을 알 수 있다! 나는 당신에게 그저 "믿기만 하라"고 격려해주고 싶다.

마가복음 11장 22~24절은 이 말씀을 아주 분명하게 확증해준다.

> 예수께서 그들에게 대답하여 이르시되 하나님을 믿으라 내가 진실로 너희에게 이르노니 누구든지 이 산더러 들리어 바다에 던져지라 하며 그 말하는 것이 이루어질 줄 믿고 마음에 의심하지 아니하면 그대로 되리라 그러므로 내가 너희에게 말하노니 무엇이든지 기도하고 구하는 것은 받은 줄로 믿으라 그리하면 너희에게 그대로 되리라

당신은 예수님께서 우리에게 말하라고 (선포하고, 고백하고, 예언하라고) 말씀하신 것이 중요하다고 생각하는가? 절대적으로 그렇다. 주님은 우리의 말이 실상을 창조하고, 그 안에 없는 것을 마치 있는 것처럼 부르는 (롬 4:17) 능력이 있음을 아셨다.

그러나 이 말씀의 핵심은 24절에 있다! "그러므로 내가 너희에게 말하노니 무엇이든지 기도하고 구하는 (말하고,

선포하고, 고백하고, 예언하는) 것은 받은 줄로 믿으라 그리하면 너희에게 그대로 되리라." 나는 이 말씀을 근거로 단지 나를 위한 하나님의 약속들을 내 입으로 말하고, 진심으로 주의 말씀과 약속이 진실하다는 것을 믿기로 뜻을 세웠다. 자연계에 드러나는 겉모양은 중요하지 않다. 만일 성경에서 내가 복되고, 건강하고, 형통하다고 말씀했다면, 나는 나의 '믿음'이 현실로 나타날 때까지 그것을 선포할 것을 의식적으로 결단했다.

이것이 바로 10년 전, 내가 침상에서 정확히 행했던 것이다. 나는 날마다 침대에 누워 내가 형통하고 건강하다(요삼 1:2)는 하나님의 말씀을 그분께 상기시켜 드렸다. 나는 주님께서 나의 모든 질병을 담당하셨다(마 8:17)는 말씀을 그분께 상기시켰다. 나는 실제적으로 내가 치유되고 형통하여, 놀랍게 쓰임 받게 될 것을 예언했다.

이전에 한번은 만일 주님이 내게 백만 불을 주신다면 90만 불을 하나님의 나라를 위해 심을 것이라고 말씀드린 적이 있다. 백만 불 중 10퍼센트인 10만 불도 내겐 충분하다는 것을 깨달았기 때문이다. 그날 주님은 분명 듣고 계셨다! 나는 이것을 되돌려 드리는 십일조(reverse tithing)라고 부른다. 당신도 한 번 시도해보라!

당신은 기도할 때 예언해야 한다는 사실을 알고 있는가? 우리는 우리의 기도로 하나님을 도전한다(막 11:22-24). 하나님은 우리에게 너무 커서 그분이 행하실 수 없을 것 같아 보이는 것까지 구하라고 하신다(엡 3:20)! 기도할 때 하나님께 아주 큰 것을 구해보라! 당신에게 감히 도전한다. 그냥 해보라! 당신이 손해 볼 것이 있는가? 우리는 보이지 않는 세계를 불러낼 필요가 있다! 단순히 그것이 존재하도록 말하기만 하면 된다!

주님은 그리스도 예수의 영광 가운데 풍성함으로 당신의 모든 필요를 채우실 것을 약속하셨다. 기도 중에 예수 그리스도의 이름을 말하는 것이 쉬운 것처럼 우리는 영광 가운데 있는 풍성함을 풀어내기 위해 예수님의 이름을 어려움 없이 사용할 수 있다.

때때로 우리는 단지 믿어야 한다. 사실 믿음은 기록된 하나님의 말씀을 따라 행동하는 것이다. 기록된 말씀을 선포할 때, 당신은 하나님의 말씀 위에 믿음을 세우고 행동하게 될 것이다!

　지금 바로 큰 소리로 이 말씀을 고백해보자. "주님, 저는 주님의 진실한 말씀을 믿기로 선택합니다. 주의 말씀이 예리하고, 살아 있고, 능력 있음에 감사합니다. 제 삶에 주의 말씀을 선포할 때, 주님이 하신 모든 말씀들을 이루어 주실 것을 인해 감사합니다. 제 삶을 향해 주님의 말씀을 큰 소리로 외칠 때, 저의 가는 길에 선한 일이 일어날 것입니다. 모든 영광을 주님께 돌립니다. 나사렛 예수 그리스도의 이름으로 기도합니다. 아멘! 할렐루야!"

당신의 삶을 변화시키라

 이제 당신이 하나님의 말씀은 살아 있고 능력이 있음을 고백했기 때문에 하나님의 기름부음 받은 말씀이 당신의 삶 속에 있는 장애물과 산들을 즉각적으로 제거하기 시작할 것을 기대해도 좋다. 말씀이 현실로 나타날 때까지 지속적으로 당신의 삶과 환경을 향해 믿음으로 말씀을 선포해야함을 기억하라. 멈추지 말라. 더불어 하나님의 말씀이 인도하는 대로 행동하라.

 로마서 4장 17-18절 역시 이 책에 기록된 말씀이 하나님 나라의 원리임을 보여준다.

> 기록된 바 내가 너를 많은 민족의 조상으로 세웠다 하심과 같으니 그가 믿은 바 하나님은 죽은 자를 살리시며 없는 것을 있는 것으로 부르시는 이시니라 아브라함이 바랄 수 없는 중에 바라고 믿었으니 이는 네 후손이 이같으리라 하신 말씀대로 많은 민족의 조상이 되게 하려 하심이라

없는 것을 있는 것으로 부르라(말하고, 선포하고, 고백하고, 예언하라)! 당신은 이렇게 할 수 있다. 그것은 매우 단순하다. 소망 가운데 당신의 삶과 환경을 향해 하나님의 기름 부음이 넘치는 말씀을 선포하고, 단지 믿기만 하라. 나사렛 예수 그리스도의 이름으로 말하는 것을 잊지 말라. 그러면 당신은 하나님께서 그분의 말씀을 존귀히 여기사 당신을 위해 역사하시고, 당신의 삶과 환경을 변화시키시는 것을 보게 될 것이다!

나는 당신에게 이 책에 있는 31가지 기도문을 앞으로 1년 동안 매일 당신의 삶을 향해 선포해보기를 권한다.

어쩌면 당신은 아주 바쁜 사람일 수 있다. 그렇다면 하루를 시작하는 아침에 두세 가지의 말씀을 선포해보라. 하나님의 말씀을 묵상하는 경건의 시간을 시작할 때나 마칠 때, 이것을 큰 소리로 말해보라. 직장으로 가는 길에 이 말씀을 외쳐보라. 저녁 설거지를 하면서 말씀을 선포해보라.

한두 구절을 포스트잇에 써서 자동차 계기판에 붙여보라. 일을 마치고 귀가 중 운전하면서 그 말씀을 큰 소리로 말해보라. 자기 전, 침상에 누워 그 말씀을 선포하라.

이 책을 화장실에 두고 변기에 앉아 있는 동안 선포하라! 당신이 용변을 보는 동안 말씀을 선포할지라도 하나님은 개의치 않으신다! 이것에 대해 내 말을 믿어도 된다.

성령님은 항상 내가 샤워할 때마다 말씀하신다. 나는 그곳에서 예배한다. 종종 성령으로 기도할 때 하나님의 영광이 임한다. 샤워실에 선 채로 하나님의 임재와 예수님의 포근한 사랑에 감동해 울기도 한다. 때로 선포의 말씀을 이런 곳에서도 고백한다! 당신도 할 수 있다.

당신이 이 책에 있는 말씀들을 화장실에서 선포한다면, 매달 당신의 삶을 향한 하나님의 말씀을 고백할 수 있는 기회를 수백 번 얻게 될 것이다. 이 책에 기록된 당신을 위한 성경의 약속들을 선포함으로 하나님이 그것을 기억하시게 하라.

가능하다면, 하루 한 번씩 31가지 기도문을 당신의 삶을 향해 선포하는 시간을 따로 구별해두는 것도 좋다. 매일 하루에 한 가지의 말씀을 고백할 수도 있다. 이렇게 하면, 오랜 시간이 필요하지도 않고 전혀 어렵지도 않다. 그러나 그 작은 투자가 당신의 삶에 혁명을 일으키고, 당신을 거룩한 소명의 자리로 인도할 것이다.

방법은 그렇게 중요하지 않다. 그저 성령의 인도하심을 구하고 기도하라. 그러면 성령님은 믿음의 고백을 선포하는 법과 이 책을 사용하는 법을 알려주실 것이다.

내가 당신에게 약속할 수 있는 한 가지는 이것이다. 당신의 성경적 고백과 선포에 주님이 응답하시기까지는 그리 오래 걸리지 않을 것이다(히 4:14, 10:23). 주님께서 당신과 함께 싸우실 것이다. 그로 인해 당신은 나사렛 예수 그리스도의 놀라운 이름으로 의롭다 함을 받고, 형통하고, 치유 받고, 모든 멍에와 어둠의 짐으로부터 자유케 된다!

이제 당신이 진실로 매일의 삶 가운데 위대하고 위대한 은혜와 하나님의 선한 개입으로 인한 복과 큰 은총을 받았음을 기억하라. 당신은 왕의 자녀이다. 멜기세덱의 반차를 따른 왕 같은 제사장이다. 그리고 당신은 FOG(하나님의 은총) 가운데 살 수 있다(계 1:5-6, 5:10).

예수님은 마태복음 12장 37절에서 이렇게 말씀하셨다. "네 말로 의롭다 함을 받고 네 말로 정죄함을 받으리라." 여기서 '의롭다'로 번역된 단어는 '제공하다 혹은 창조하다'로 쓸 수 있다. 따라서 우리가 나사렛 예수 그리스도의 놀라운 이름으로 우리의 삶을 향해 은혜로운 말씀들을 선포할 때 건강, 은총, 번영, 그리고 은혜를 제공하거나 창조할 수 있다.

그러므로 이제부터는 죽음이 아닌 생명의 단어를 말하라. 나는 당신이 자신의 입술을 지킬 것을 권면하고 싶다. 이 짧은 기도문으로 계속해서 기도해보라. "주님, 내 입에 파수꾼을 세워주소서. 나의 입술의 모든 말이 죽음이 아닌 생명을 말하기로 선택합니다. 오늘 주님께서 내게 하라고 하신 말씀 그 이상도, 그 이하도 아닌 바로 그 말씀만 하기를 예수님의 이름으로 기도합니다. 아멘!"

경계를 강화하라

성경은 우리에게 악을 대적하도록 가르친다. 만일 당신이 질병과 가난 혹은 압제를 당하고 있다면, 당신은 어둠의 나라에 시달리고 있는 것이다. 그러나 예수님은 이미 당신을 위해 그 싸움을 치르셨고, 당신은 그리스도 안에서 승리자이다! 마귀는 패배한 적이며, 예수님은 이미 십자가에서 승리하셨다. 따라서 당신은 싸울 필요가 없다. 성경에서 당신에게 요구하는 유일한 일은 믿음의 선한 싸움을 싸우는 것이다.

디모데전서 6장 12절은 이 점을 명확히 알려준다.

믿음의 선한 싸움을 싸우라 영생을 취하라 이를 위하여 네가 부르심을 받았고 많은 증인 앞에서 선한 증언을 하였도다

당신의 유일한 싸움은 믿음의 선한 싸움이다. 당신은 마귀와 작은 접전조차 벌일 필요가 없다. 예수님이 당신을 대신해서 마귀를 완전히, 그리고 철저히 패배시키심으로 이미 승리하셨기 때문이다. 그러므로 이제는 당신이 수많은 증인들 앞에서 믿음의 선한 고백으로 싸우기를 격려하신다.

달리 말하자면, 성경은 당신이 입의 말로 싸우도록 가르친다. 당신은 당신의 삶과 환경을 향해 하나님의 기름부음 받은 말씀을 선포하면 된다! 나는 당신이 그렇게 할 수 있도록 돕기 위해 이 책을 썼다. 당신의 입으로 고백하고 선포함으로 믿음의 선한 싸움을 싸우라!

나는 종종 사단의 앞잡이들이 대부분 매우 순진하고 어리석다는 것을 발견한다. 그들은 자신이 실패했다는 것

을 모른다. 그래서 우리는 믿음의 선한 싸움으로 계속해서 마귀를 대적해야만 한다. 경계를 강화하고 당신을 압제하려는 마귀를 대적해야 한다.

야고보서 4장 7절은 매우 힘이 되는 말씀이다. "그런즉 너희는 하나님께 복종하라 마귀를 대적하라 그리하면 너희를 피하리라." 첫 단계는 주 예수 그리스도께 복종하는 것이다(만일 당신이 거듭나지 않았거나 구원받지 못했다면, 지금 바로 이 책 뒤쪽에 있는 영접기도문으로 기도하고 하나님께 순복하라).

다음 단계는 당신 스스로 그것을 행동으로 옮겨야 한다. 당신은 마귀를 대적하라는 말씀을 들었다. 하나님이 당신 대신 속이는 마귀를 대적하신다고 말씀하지 않으셨다. 마귀를 대적하는 것은 당신 스스로 먼저 취해야 할 행동이다.

내가 당신을 대신해서 해줄 수는 없다. 당신의 남편이나 아내도 마찬가지다. 당신의 목사님도 당신을 대신할 수 없다. 당신 자신의 두 발로 당당히 서서 마귀를 대적해야만 한다. 그리스도의 반석과 성경 안에 쓰여 있는 그분의 말씀 위에 견고히 서야 한다.

달리 말해서, 우리는 우리의 경계를 강화할 필요가 있다. 주님은 모든 믿는 자들에게 그분의 놀라운 이름을 사용할 능력과 권세를 주셨다. 그리고 우리는 우리의 삶과 환경을 향해 날마다 그분의 기름부음 받은 말씀과 약속을 선포할 수 있다. 이것은 '그리스도 안에 있는' 우리의 정체성을 세워줄 것이다. 그리고 그것은 마귀를 대적하는 놀라운 방법이다.

베드로전서 5장 8-10절은 우리의 경계를 강화시켜 주는 열쇠를 알려준다.

> 근신하라 깨어라 너희 대적 마귀가 우는 사자 같이 두루 다니며 삼킬 자를 찾나니

당신이 침체되었을 때, 원수는 당신에게 발길질하려 할 것이다. 그것이 바로 우리가 '그리스도 안에 있는' 우리의 정체성에 관한 하나님의 약속들을 날마다 선포하며 마귀를 대적해야 할 이유이다.

당신은 경계를 늦추지 말고 깨어 있어야 한다. 마귀에

게 어떤 틈도 주지 말라. 전에 들었던 시골의 나이 지긋한 설교자의 말씀이 기억난다. "만일 당신이 마귀에게 1인치의 틈을 준다면, 그는 자신이 당신의 통치자라고 생각할 것입니다." 이 옛말에는 중요한 교훈이 담겨져 있다.

원수 마귀가 당신이 선포하는 31가지의 고백을 들을 때, 당신이 자신을 대적하고 있다는 것을 깨닫고 도망갈 것이다. 성경은 당신에게 이것을 약속한다. 그리고 이것은 하나님의 말씀이기 때문에 진리이다!

베드로전서 5장 9절은, "너희는 믿음을 굳건하게 하여 그(마귀)를 대적하라"고 한다. 당신의 삶을 향한 하나님의 말씀을 선포할 때, 당신은 믿음 위에 굳게 서서 원수를 대적하고 있는 것이다. 또한 당신은 그리스도의 견고한 반석과 하나님의 기름부음 받은 말씀과 당신의 삶을 위한 그분의 언약 위에 서 있는 것이다.

성경의 약속을 선포하면 성령 안에서 당신의 거룩한 소명을 출산하는 과정이 진행되고, 머지않아 하나님이 예정하신 사명이 현실 세계에 가시적으로 드러나게 될 것이다.

주님은 우리에게 말씀 안에 있는 놀라운 무기를 주셨

다. 그것은 이사야 54장 17절에 있다. 그리스도의 공동 상속자이자 지극히 높으신 하나님의 아들과 딸로서, 우리는 이 말씀을 높이 평가해야 한다. 우리가 고백하는 말씀이 마귀를 대적할 뿐만 아니라 그를 완전히 무너뜨리고 승리를 주기 때문이다.

> 너를 치려고 제조된 모든 연장이 쓸모가 없을 것이라 일어나 너를 대적하여 송사하는 모든 혀는 네게 정죄를 당하리니 이는 여호와의 종들의 기업이요 이는 그들이 내게서 얻은 공의니라 여호와의 말씀이니라

때때로 원수는 우리를 대적하기 위해 말을 사용한다. 그것이 바로 하나님의 기름부음 받은 말씀으로 당신의 삶을 향해 선포하는 것이 그렇게 능력 있고 놀랍게 삶을 변화시키는 이유이다. 하나님의 말씀은 원수의 말을 항상 무기력하게 만들어 승리를 가져다준다. 원수의 말은 당신을 대적하기 위해 만든 저주들이다. 이것은 거짓의 아비에게서 영감 받은 말이다.

가끔 이 저주의 말들은 선의의 말을 하는 사람들, 심지어 그리스도인들, 의사, 그리고 권위를 가지고 당신에게 말하는 다양한 사람들로부터 온다. 놀랍게도 육신의 부모가 무의식적으로 내뱉은 말이 그대로 우리에게 저주가 될 수도 있다. 부모로부터 '황소고집' 혹은 '고집불통'이란 말을 들어본 적이 있는가? 그 말은 당신의 삶에 저주의 말로 자리 잡을 수 있다. 따라서 당신이 들은 이러한 저주의 말에 담긴 힘을 제거해야 한다.

성령께서 당신을 만져주시도록 기도하고 구하라. 그러면 그분은 저주의 말에 담긴 힘을 깨뜨리기 위해 당신이 해야 할 일과 기도하는 방법을 알려주실 것이다.

당신의 귀로 듣는 것을 주의하라. 마가복음 8장 33절에서 예수님은 베드로의 말로 인해 그를 꾸짖으셨다. 주님께서 어떻게 경계를 강화하셨는지 주목해보자. "예수께서 돌이키사 제자들을 보시며 베드로를 꾸짖어 이르시되 사탄아 내 뒤로 물러가라 네가 하나님의 일을 생각하지 아니하고 도리어 사람의 일을 생각하는도다 하시고."

이와 같이 우리도 우리의 경계를 강화할 수 있다. 당신의 삶과 환경을 향해 죽음을 말하는 사람들을 꾸짖는 것을 두려워하지 말라.

전에 한 번은 내가 나사렛 예수 그리스도의 이름으로 어머니의 주치의를 꾸짖은 적이 있다. 나는 검지로 그의 이마 중앙을 가리키며 말했다. "내가 나사렛 예수의 이름으로 당신을 꾸짖노라." 그 즉시 어머니는 나았고 이 사건 이후 3년 동안 어떤 후유증도 없었다.

대부분의 그리스도인들은 매일 부정적인 말 폭탄 세례를 받는다. 우리의 말에 능력이 있다고 하신 예수님의 말씀을 기억하라. 따라서 누구를 통해 삶에 뿌려진 원수의 말이든지 견고히 서서 그것을 꾸짖어야 한다. 물론 이런 행동을 지혜와 사랑으로 행해야 한다는 것은 두말할 필요가 없다. 마태복음 12장 37절에서 예수님이 하신 말씀을 살펴보자.

> 네 말로 의롭다 함을 받고 네 말로 정죄함을 받으리라

우리는 우리의 말이 축복 혹은 저주를 일으킬 수 있다

는 것을 깨달아야 한다(약 3:10-12). 우리는 부지중에 부정적인 말을 고백함으로 스스로 자신을 저주할 수 있다.

치유사역자인 나는 말 그대로 자신의 말로 자기에게 질병으로 저주하는 수천 명의 사람들을 봤다. 그들은 종종 이렇게 말한다. "제 어머니에게는 유방암이 있었어요. 저의 두 자매도 유방암이 있고요. 이제 저도 유방암에 걸렸어요. 저를 위해 기도해주시겠어요?"

나는 그들을 위해 기도할 수 있다. 하지만 나는 항상 그들의 말을 바로잡아 생명을 선포하도록 하기 위해 상담 시간을 갖는다. 그 결과 주님께서 각종 암에 걸린 수많은 사람들을 고치시는 것을 보았다. 하나님께 영광을!

나는 사람들이 "암에 걸렸어요"라고 말하는 대신 "암이라 불리는 것과 씨름하고 있어요"라고 말하게 한다. 결코 "암을 가지고 있다"고 말하지 못하게 한다. 왜냐하면 그 말이 원수로 하여금 그들의 몸에 암을 넣어줄 문을 열어주기 때문이다. 당신은 당신이 원하거나 당신의 입으로 말한 것을 얻을 수 있다.

그리스도인은 자기가 원하는 것을 가질 수 있다. 무엇

이든 당신이 자초해서 내뱉은 말은 당신에게 기꺼이 붙을 것이다. 이 말은 질병도 포함한다. 하지만 이것은 당신을 향한 하나님의 온전한 뜻이 아니다. 하나님은 당신이 형통하고 건강하길 원하신다.

그러므로 우리는 이 영역에 대해 특별히 주의해야 한다. 만일 당신에게 병이나 연약함이 있다면, 마귀와 그의 앞잡이들은 조금도 주저하지 않고 당신에게 갑절의 질병과 연약함을 주려 할 것이다.

만일 당신이 가난을 고백하면, 마귀는 당신이 더욱 가난해지도록 2배의 시간을 할애할 것이다. 만일 당신이 두려움을 고백하면, 원수는 당신이 계속 두려움에 사로잡히도록 쉼 없이 역사할 것이다. 당신의 입술로 나사렛 예수 그리스도의 놀라운 이름을 선포하여 마귀를 대적하라!

수많은 사람들이 의사가 죽을 수 있다고 '예측'하는 말을 들으면 쉽게 삶을 포기한다. 물론 의사가 질병을 잘 진단할 수는 있다. 그러나 그렇다고 해서 당신의 입으로 그 질병을 품어서는 안 된다.

집에 가서 당신이 사랑하는 사람들에게 "암에 걸렸어

요"라고 말하지 말라. 절대로 그렇게 하지 말라. 대신 당신의 경계를 강화하고 당신의 환경에 생명을 선포하기 시작하라. 그것이 바로 이사야 54장 17절의 말씀이 그렇게 능력이 있는 이유이다!

> 너를 치려고 제조된 모든 연장이 쓸모가 없을 것이라 일어나 너를 대적하여 송사하는 모든 혀는 네게 정죄를 당하리니 이는 여호와의 종들의 기업이요 이는 그들이 내게서 얻은 공의니라 여호와의 말씀이니라

이 말씀은 당신과 나에게 '너를 대적하여 송사하는 모든 혀'를 정죄할 권리를 제공한다. 때때로 당신은 의료진과 자신의 가족, 그리고 친구들의 혀를 대적할 필요가 있다. 그렇다고 해서 의사들이 나쁘다고 말하는 것은 전혀 아니다. 종종 우리에게 그들이 필요하다. 나도 필요한 경우 의사들에게 가지만, 그들이 진단하는 모든 말을 다 반복해서 말하지는 않는다. 당신 또한 '듣는 방법'에 주의해야만 한다(눅 8:18).

왜 그런가? 하나님의 자녀인 당신의 의는 그분으로부터 오기 때문이다. 어떤 사람이 당신의 삶을 향해 저주의 말을 한다면, 당신은 그 말에 착 달라붙어 있기를 원하는 어둠의 권세를 향해 멈추라고 명령해야 한다! 나사렛 예수 그리스도의 이름으로 그것을 묶고 꾸짖으라. 당신은 당신에게 던져진 모든 부정적인 말들을 정죄할 권리를 받았다. 그것으로 당신의 경계를 강화하라!

때로는 우리 자신과 가족을 향해 우리의 입으로 내뱉은 부정적인 말들을 회개하고 버려야 할 필요가 있다. 종종 사람들이 이렇게 말하는 소리를 듣는다. "절대로 전 이 빚을 못 갚을 것 같아요. 남은 평생 이 고통에 시달릴 수밖에 없어요."

아니다. 당신은 결코 그럴 필요가 없다. 지금 즉시 회개하고 당신의 생각을 그리스도의 마음으로 바꿔라. 하나님의 말씀을 붙들고 당신에게 건강과 번영을 주는 축복의 말씀을 선포하라. 당신 자신과 가족을 향해 내뱉은 저주를 회개하라!

내 딸이 아주 어릴 때부터 나는 그 아이에게 언제나

축복의 말을 해주었다. 그런 이유로 그 아이는 자신을 향한 축복의 말을 자주 들을 수 있었다. 나는 항상 이렇게 말했다. "넌 반에서 가장 빠르고 재능이 넘치며, 아주 똑똑하고 아름다운 아이란다."

이 모든 선포로 인해 지금 내 딸은 학교에서 최고의 운동선수이자, 주립음악단의 일원이며(이것은 가장 탁월한 아이들에게만 허락된다), 그리고 최근 몇 학기 동안 모든 과목에서 A학점을 받았다.

어떻게 이런 일이 일어났는가? 나는 내 입으로 딸을 축복했고, 주님께서 그 아이를 향해 선포된 말들을 이루어 주셨기 때문이다. 당신이 자녀들에게 생명과 축복의 말을 하면, 주님은 당신을 위해서도 그와 같은 일을 하실 것이다. 나이는 전혀 문제가 되지 않는다. 당신이 할아버지나 할머니일지라도 여전히 자녀들에게 축복의 말을 심을 수 있다.

아프리카에서 대규모의 전도집회를 열어 복음을 전할 때, 종종 나를 죽이려 하는 악한 사람들이 있다. 진짜 그런 사람들이 있다! 그들은 나에게 귀신의 주문과 마법을 걸어 해하려고 하는 주술사들이다.

한번은 탄자니아에서 어떤 무당이 목을 부러뜨려 죽인 검은색 앵무새를 내가 묵고 있던 빌라 앞에 걸어둔 적이 있었다. 그것에 담긴 메시지는 분명했다. "우리는 당신이 어디에 있는지 알고 있다. 우리는 당신을 죽이고 싶으며, 당신에게 저주를 퍼부었다."

물론 이 위협을 심각하게 받아들이긴 했지만, 나는 전혀 염려하지 않았다. 그 이유는 성경이 나에게 "너희 안에 계신 이(성령님)가 세상에 있는 자보다 더 크심이라"(요일 4:4)고 말씀하기 때문이다. 그래서 아내 캐티와 나는 이사야 54장 17절을 우리의 삶과 환경을 향해 선포하고 고백하기 시작했다.

그 기도와 고백은 다음과 같았다. "바로 지금 나사렛 예수 그리스도의 이름으로 내 삶을 향한 모든 저주의 말을 다스리노라. 나사렛 예수 그리스도의 이름으로 명하노니 모든 악한 말, 저주, 주문, 그리고 마법의 권세는 지금 당장 땅에 떨어질지어다."

"나사렛 예수 그리스도의 이름으로 명하노니 나를 대

적하는 모든 악한 어둠의 권세와 궤계는 바로 지금 사라질지어다! 나사렛 예수 그리스도의 이름으로 너를 묶노라. 네가 무저갱으로 떨어질 때까지 물 없는 곳으로 돌아가 다시는 다른 사람을 괴롭히지 못하게 될지어다."

"아버지, 나사렛 예수 그리스도의 이름으로 구하오니 열두 군단(7천 2백 명)의 천군천사들을 풀어주사 우리를 둘러 진 치게 하시고, 원수 마귀의 모든 고통, 상처, 해로움, 위험으로부터 우리를 보호하소서. 나사렛 예수 그리스도의 이름으로 기도합니다. 아멘."

어쩌면 이것은 극단적인 예일 수도 있지만, 이와 비슷한 상황에서 좋은 본이 되는 기도이다. 때때로 우리의 삶을 향해 무의식적으로 저주의 말을 하는 사람이 우리의 친구나 가족일 수도 있다는 사실을 명심하라. 그러므로 우리는 날마다 우리의 영적인 경계를 강화시키는 연습을 해야 한다.

한편 우리의 전도집회에서 예수 그리스도를 주와 구세주로 영접하는 주술사들을 여럿 보았다. 치유와 기적을 일으키는 하나님의 권능을 보면, 주술사들도 예수 그리스도가 주님이시라는 계시를 받고 제단 앞으로 나와 구원을 받는다!

이제 형통의 문을 열어 삶을 변화시키는 31가지 고백을 함께 선포해보자!

나는 진심으로 당신이 인내하기를 권면한다. 하나님께서 내 삶을 완전히 변화시키시는 데 거의 2년이라는 시간이 걸렸다는 것을 기억하라. 그것을 통해 나는 삶 가운데 하나님 나라의 다양한 혜택을 즉시 누리기 시작했다. 나는 당신 역시 그렇게 될 것이라고 믿는다. 할렐루야!

31가지 **선포기도문**

31 Word Decrees That will Revolutionize Your Life

나는 이번 한 해 동안 주님께서 주실 모든 풍성한 것으로 인해 기쁘고 즐거운 마음으로 주님을 섬기겠습니다. 주님, 감사합니다!

하나님이 능히 모든 은혜를 너희에게 넘치게 하시나니 이는 너희로 모든 일에 항상 모든 것이 넉넉하여 모든 착한 일을 넘치게 하게 하려 하심이라 (고후 9:8)

주님, 나의 생각과 영을 오직 주님께 집중함으로 갑절의 축복(prosperity)과 완전한 평강을 누릴 것을 인해 감사드립니다. 아버지, 오늘 당신을 신뢰하기로 선택합니다.

주께서 심지가 견고한 자를 평강하고 평강하도록 지키시리니 이는 그가 주를 신뢰함이니이다 (사 26:3)

나는 날마다 나의 염려를 주님께 맡기겠습니다. 아버지께서 나를 돌보시기 때문입니다. 바로 지금 아버지께 _____, _____, _____, _____을 맡깁니다(당신의 염려와 걱정거리를 적어보세요).

너희 염려를 다 주께 맡기라 이는 그가 너희를 돌보심이라 (벧전 5:7)

올 한 해는 갑절의 평강, 갑절의 은혜, 갑절의 기름부음의 해가 될 것입니다. 그리고 내 영혼이 잘됨과 같이 나는 건강하고 형통할 것입니다. 내 삶의 모든 일이 잘될 것입니다.

사랑하는 자여 네 영혼이 잘됨 같이 네가 범사에 잘되고 강건하기를 내가 간구하노라 (요삼 1:2)

대화할 때마다 '말을 적게 할 것을' 내 마음과 영으로 결단합니다. 오늘 나는 공허한 말, 악한 말, 어리석은 말을 하지 않겠습니다. 나의 힘과 구속자이신 주님, 내 입의 말과 마음의 묵상이 주님 앞에 열납되기를 원합니다.

나의 반석이시요 나의 구속자이신 여호와여 내 입의 말과 마음의 묵상이 주님 앞에 열납되기를 원하나이다 (시 19:14)

너는 하나님 앞에서 함부로 입을 열지 말며 급한 마음으로 말을 내지 말라 하나님은 하늘에 계시고 너는 땅에 있음이니라 그런즉 마땅히 말을 적게 할 것이라 (전 5:2)

아버지의 거룩한 사랑, 아가페 사랑이 성령으로 말미암아 내 마음에 부어졌습니다. 올해 나는 매일 하나님의 사랑 가운데 행할 것을 결단합니다. 오늘 스쳐지나가는 모든 사람들을 사랑하겠습니다. 성령으로 말미암은 하나님의 사랑을 마음에 품은 나는 매순간 사랑으로 행할 것을 선택하겠습니다.

소망이 우리를 부끄럽게 하지 아니함은 우리에게 주신 성령으로 말미암아 하나님의 사랑이 우리 마음에 부은 바 됨이니 (롬 5:5)

주님, 나의 원수들을 용서하기로 결단합니다. 오늘 주님께서 _____, _____, _____를(을) 놀랍도록 축복해 주옵소서.

* 당신을 핍박하거나 관계가 불편한 사람 10명의 이름을 써보세요. 가장 용서하기 어려운 사람 3명을 정해서 성령님의 도우심을 구하며 완전히 용서할 때까지 기도하세요. 그 후 리스트에 있는 다음 사람을 위해 매일 기도하세요.

나는 너희에게 이르노니 너희 원수를 사랑하며 너희를 박해하는 자를 위하여 기도하라 (마 5:44)

주님, 먼저 하나님의 나라와 의를 구하기로 다짐합니다. 오늘 그리고 매일 주님의 나라와 의를 구하겠습니다. 아버지여 구하오니, 아버지의 의에 관한 더 많은 계시를 부어 주옵소서.

그런즉 너희는 먼저 그의 나라와 그의 의를 구하라 그리하면 이 모든 것을 너희에게 더하시리라 (마 6:33)

오늘 나는 성령으로 기도할 것을 결단합니다. 날마다 성령 안에서 기도함으로 나의 영, 혼, 육에 양분을 공급하겠습니다.

*이제 가능한 길게 성령 안에서 (방언으로) 기도해보세요. 하루 일과를 시작할 때, 성령 안에서 기도하세요. 만일 아직 성령세례를 받지 않았거나 방언을 하지 못한다면 일반적인 기도를 해도 좋습니다.

사랑하는 자들아 너희는 너희의 지극히 거룩한 믿음 위에 자신을 세우며 성령으로 기도하라 (유 1:20)

주님, 오늘 나의 유업을 주옵소서. 아버지, 나는 당신의 자녀입니다. 그리고 아버지의 나라의 상속자입니다. 나는 그리스도의 공동 상속자입니다. 이런 놀라운 특권을 주신 아버지, 감사합니다. 주님, 나에게 초자연적인 유업을 주옵소서. 나는 빛나는 성도의 유업을 받은 자입니다. 예수님께서 나를 어둠의 권세에서 건지시고 천국으로 옮기셨기 때문입니다. 주님, 오늘 나의 삶과 환경에 갈보리 십자가의 충만한 그리스도의 대속의 은혜를 부어 주옵소서. 아멘.

우리로 하여금 빛 가운데서 성도의 기업의 부분을 얻기에 합당하게 하신 아버지께 감사하게 하시기를 원하노라 그가 우리를 흑암의 권세에서 건져내사 그의 사랑의 아들의 나라로 옮기셨으니 (골 1:12-13)

(가슴에 손을 얹고) 바로 지금 이 순간부터 그리스도의 영광을 위해 온 세계를 강타할 위대한 하나님의 역사와 운동이 일어날 것입니다!

예수께서 나아와 말씀하여 이르시되 하늘과 땅의 모든 권세를 내게 주셨으니 그러므로 너희는 가서 모든 민족을 제자로 삼아 아버지와 아들과 성령의 이름으로 세례를 베풀고 내가 너희에게 분부한 모든 것을 가르쳐 지키게 하라 볼지어다 내가 세상 끝날까지 너희와 항상 함께 있으리라 (마 28:18-20)

주님, 나의 죄와 허물로 주님의 마음을 아프게 한 것을 용서해 주옵소서. 나의 죄와 허물을 기억하지 않으시는 아버지, 감사합니다. 주님과 함께 변론하겠습니다. 나를 용서하시고 회복시키시는 주님의 약속을 기억나게 하겠습니다. 아버지, 나의 상황을 말씀드리니 주님과 함께 변론하게 하옵소서. 주님의 따스한 자비와 은혜로 나의 죄를 깨끗이 용서해 주옵소서.

너는 나에게 기억이 나게 하라 우리가 함께 변론하자 너는 말하여 네가 의로움을 나타내라 (사 43:26)

주님, 오늘 나의 죄를 고백합니다. 아버지, 예수님의 대속의 보혈을 통해 나를 보심을 감사합니다. 주님은 나의 죄를 용서하시고 정결케 하사 주님 앞에 의롭게 하십니다. 나는 예수님의 보혈로 의롭고 거룩합니다. 이제 나는 아버지와 함께 의롭게 서 있습니다. 감사합니다.

만일 우리가 우리 죄를 자백하면 그는 미쁘시고 의로우사 우리 죄를 사하시며 우리를 모든 불의에서 깨끗하게 하실 것이요 (요일 1:9)

주님, 내 안에 계신 성령님으로 인해 감사드립니다. 나는 오늘 기도하는 삶을 살기로 선택합니다. 그리고 쉬지 않고 기도하겠습니다. 오늘 쉼 없이 기도하기로 결단합니다. 보배로운 성령님을 내게 주사 주님을 찾게 하시고, 매일 매순간 기도할 수 있게 해주심을 감사합니다.

쉬지 말고 기도하라 (살전 5:17)

주님께서 친히 나의 마음을 지으셨습니다. 아버지, 내 안에 정결한 마음을 다시 창조하시고 정직한 영을 회복하옵소서. 나를 주님 앞에서 쫓아내지 않으심을 감사합니다. 날마다 주의 성령으로 가득 채워 주옵소서. 지금 성령으로 충만케 하옵소서!

하나님이여 내 속에 정한 마음을 창조하시고 내 안에 정직한 영을 새롭게 하소서 (시 51:10)

하나님은 결코 나를 버리지 않으십니다. 아버지, 언제나 나와 함께 해주심을 감사합니다. 내 안에 계신 주님의 영으로 인도하시고, 매 순간 나를 가르쳐 주옵소서. 어떤 조건도 없이 나를 용납하신 하늘 아버지는 결코 나를 거절하지 않으십니다. 나를 용납하신 주님의 사랑을 오늘도 감사드립니다.

내가 결코 너희를 버리지 아니하고 너희를 떠나지 아니하리라 (히 13:5)

주님께서 나의 모든 죄와 허물을 도말해주심을 감사합니다. 아버지께서는 더 이상 나의 죄를 기억하지 않으십니다. 동이 서에서 먼 것같이 나의 죄는 사라졌습니다. 예수님의 보혈로 정결하게 됨으로 나는 구속받았고, 주님과 올바른 관계를 회복했습니다. 그리고 오늘 역시 여러 차례 죄를 지은 나 자신을 용서하기로 선택합니다. 아멘.

동이 서에서 먼 것 같이 우리의 죄과를 우리에게서 멀리 옮기셨으며 (시 103:12)

나 곧 나는 나를 위하여 네 허물을 도말하는 자니 네 죄를 기억하지 아니하리라 (사 43:25)

아버지, 성령으로 나를 인도해 주심을 감사합니다. 나를 인도하고 가르쳐주시는 성령님을 보내주셔서 고맙습니다. 주님, 나는 주님의 자녀입니다. 나는 주님의 아들/딸입니다. 그러므로 나는 주님의 영의 인도하심을 받습니다. 오늘도 성령으로 나를 인도하실 주님께 감사드립니다.

무릇 하나님의 영으로 인도함을 받는 사람은 곧 하나님의 아들이라 (롬 8:14)

주님, 나는 오늘 전심으로 주님을 송축합니다. 주의 거룩한 이름을 송축합니다. 나의 모든 죄를 용서하시고 모든 질병을 고치시는 아버지, 감사합니다. 예수님의 이름으로 나는 용서받았고 치유되었습니다.

내 영혼아 여호와를 송축하라 내 속에 있는 것들아 다 그의 거룩한 이름을 송축하라 내 영혼아 여호와를 송축하며 그의 모든 은택을 잊지 말지어다 그가 네 모든 죄악을 사하시며 네 모든 병을 고치시며 (시 103:1-3)

나는 오늘 주님을 예배합니다. 그리고 주님을 위해 일하는 천군천사들로 인해 감사드립니다. 나는 천사들이 주님의 말씀을 주목할 것을 선포합니다. 나의 삶을 향한 주님의 말씀을 선포할 때, 나를 위해 주님의 말씀을 실행할 천사들이 풀어질 것입니다. 예수님의 이름으로 나의 삶과 환경 가운데 주님의 약속이 온전히 성취되도록 돕는 하나님의 천사들을 환영합니다. 아멘!

능력이 있어 여호와의 말씀을 행하며 그의 말씀의 소리를 듣는 여호와의 천사들이여 여호와를 송축하라 (시 103:20)

아버지, 나의 선한 목자가 되어 주셔서 고맙습니다. 그러므로 내겐 아무 부족함이 없습니다. 아버지께서 그리스도 예수로 말미암아 나의 모든 필요를 채우십니다. 예수님의 이름으로 내 영혼을 회복하고 고치시는 아버지께 감사를 드립니다. 아멘.

여호와는 나의 목자시니 내게 부족함이 없으리로다 그가 나를 푸른 풀밭에 누이시며 쉴 만한 물 가로 인도하시는도다 내 영혼을 소생시키시고 자기 이름을 위하여 의의 길로 인도하시는도다 (시 23:1-3)

나는 오늘 하늘 아버지를 나의 피난처로 삼겠습니다. 어떤 상황에서도 나의 주님을 신뢰하기로 결단합니다. 주의 은밀한 곳에 거하며 살기로 확실히 결정합니다. 나는 주님을 신뢰합니다. 예수님의 이름으로 주의 천군천사들이 나를 보호함으로 그 어떤 화도 내게 미치지 못함을 인해 감사를 드립니다.

지존자의 은밀한 곳에 거주하며 전능자의 그늘 아래에 사는 자여, 나는 여호와를 향하여 말하기를 그는 나의 피난처요 나의 요새요 내가 의뢰하는 하나님이라 하리니 … 네가 말하기를 여호와는 나의 피난처시라 하고 지존자를 너의 거처로 삼았으므로 화가 네게 미치지 못하며 재앙이 네 장막에 가까이 오지 못하리니 그가 너를 위하여 그의 천사들을 명령하사 네 모든 길에서 너를 지키게 하심이라 (시 91:1-2, 9-11)

아버지, 영원한 사랑으로 나를 사랑해주셔서 감사합니다. 아버지의 초자연적인 사랑과 은혜와 자비의 줄로 주님께 더 가까이 인도해주셔서 고맙습니다. 나를 향한 아버지의 사랑은 흔들림이 없습니다. 그 사랑은 변할 수도 없습니다. 주님은 결코 나를 버리지 않으시고, 세상 끝날까지 나와 함께하십니다. 영원히 변함없는 사랑으로 나를 사랑하시는 주님, 감사합니다.

옛적에 여호와께서 나에게 나타나사 내가 영원한 사랑으로 너를 사랑하기에 인자함으로 너를 이끌었다 하였노라 (렘 31:3)

하나님의 나라를 내 안에 두신 주님, 고맙습니다. 내 안에 주님의 영이 있습니다. 주님의 나라가 천국에서 이루어진 그대로 땅에 임할 것을 인해 감사드립니다. 그 이유는 주님의 나라가 지금 내 안에 있기 때문입니다. 주님, 나의 영, 혼, 육이 주님의 나라에 순복합니다. 그렇게 함으로 오늘 내가 어디를 가든지 성령의 권능으로 주님의 나라를 나타낼 것입니다. 주님, 예수님의 이름으로 오늘 나의 삶에 주님의 나라가 임하기를 초청합니다.

하나님의 나라는 너희 안에 있느니라 (눅 17:21)

오, 주님! 오늘 참으로 내게 복을 주사 주님의 영광을 위해 영향력의 지경을 넓혀 주옵소서. 아버지 하나님의 능하신 오른손을 내 위에 두사 나를 보호하시고, 모든 죄악으로부터 나를 지켜 주옵소서. 나의 실수로 인해 내가 사랑하는 사람들과 이웃과 나 자신에게 어떤 해나 고통을 주지 않게 하옵소서.

주께서 내게 복을 주시려거든 나의 지역을 넓히시고 주의 손으로 나를 도우사 나로 환난을 벗어나 내게 근심이 없게 하옵소서 (대상 4:10)

나를 치려고 제조된 모든 연장이 쓸모가 없을 것입니다. 일어나 나를 대적하는 모든 저주의 말들을 정죄합니다. 저주의 말과 합세한 모든 어둠의 권세는 멈춰질지어다! 나사렛 예수 그리스도의 이름으로 너를 묶노라. 나사렛 예수 그리스도의 이름으로 구하오니 나를 위해 싸우는 천사들을 풀어주옵소서. 나를 대적하는 모든 부정적인 말들은 쓸모없게 되고 무기력해질지어다!

너를 치려고 제조된 모든 연장이 쓸모가 없을 것이라 일어나 너를 대적하여 송사하는 모든 혀는 네게 정죄를 당하리니 이는 여호와의 종들의 기업이요 이는 그들이 내게서 얻은 공의니라 여호와의 말씀이니라 (사 54:17)

주님, 내 온 마음과 혼을 다해 주님을 송축하기를 원합니다! 나를 형통케 하시고, 고치시며, 내 삶을 변화시키기 위해 주님께서 지금까지 행하셨던 모든 일과 현재 행하고 계신 모든 일과 앞으로 행하실 모든 일로 인해 감사하며 아버지 하나님을 송축합니다. 나는 이 시간 주님을 송축하겠습니다! 주님은 내게 너무도 선하신 분이시기 때문입니다.

*지금부터 몇 분간 성부, 성자, 성령 하나님께서 오늘 당신의 삶 가운데 행하실 선한 일들로 인해 성삼위 하나님을 찬양하며 송축해보세요.

내 영혼아 여호와를 송축하라 내 속에 있는 것들아 다 그의 거룩한 이름을 송축하라 (시 103:1)

주님, 나는 오늘 주님을 신뢰하겠습니다. 나는 오늘 나를 위해 역사하시는 주님의 손을 보게 될 것입니다. 그리고 주의 성실을 먹을 거리로 삼겠습니다. 그러면 주님은 나의 필요를 채우실 것입니다. 모든 좋은 것으로 인해 내 삶에 부족함이 없습니다. 주님이 내게 주신 모든 축복과 공급과 은총을 인해 감사하며 송축합니다. 나의 목자이신 주님, 내겐 부족함이 없습니다. 나는 오늘 선한 일을 행하기로 선택합니다.

여호와를 의뢰하고 선을 행하라 땅에 머무는 동안 그의 성실을 먹을 거리로 삼을지어다 (시 37:3)

아버지, 예수님께서 행하신 모든 일들로 인해 감사드립니다. 주님께서 승천하신 이후 내게 성령을 보내주셔서 고맙습니다. 오늘 성령을 주신 아버지, 감사합니다. 내 안에 계신 소중한 성령님께서 오늘도 내게 말씀해주실 것을 인해 감사합니다. 성령님, 오늘 성령님께서 예정하신 길로 나를 인도해 주옵소서.

주를 섬겨 금식할 때에 성령이 이르시되 (행 13:2)

여호와께서 사람의 걸음을 정하시고 그의 길을 기뻐하시나니 (시 37:23)

아버지, 주의 말씀은 아버지께서 내게 풍성한 지혜를 주신다고 알려줍니다. 오늘도 아낌없이 주님의 지혜를 부어주심을 감사합니다. 나는 오늘 지혜와 계시의 영을 따라 살겠습니다. 그리고 주님이 정하신 길을 따라가겠습니다. 언제나 나를 완전한 평강의 길로 인도하시는 성령님을 주신 아버지, 감사합니다.

너희 중에 누구든지 지혜가 부족하거든 모든 사람에게 후히 주시고 꾸짖지 아니하시는 하나님께 구하라 그리하면 주시리라 (약 1:5)

주님, 나사렛 예수 그리스도의 이름으로 나는 나았습니다! 아버지, 나의 죄와 질병을 담당케 하시기 위해 예수님을 보내주셔서 감사합니다. 예수님이 채찍에 맞으심으로 나는 구원받았고 또한 치유되었습니다. 내 영혼이 구원받고 잘된 것처럼 오늘 나는 완벽한 건강으로 형통할 것입니다.

우리의 연약한 것을 친히 담당하시고 병을 짊어지셨도다 (마 8:17)

친히 나무에 달려 그 몸으로 우리 죄를 담당하셨으니 이는 우리로 죄에 대하여 죽고 의에 대하여 살게 하려 하심이라 그가 채찍에 맞음으로 너희는 나음을 얻었나니 (벧전 2:24)

31 Word Decrees That will Revolutionize Your Life

에필로그

결론적으로 나는 당신에게 용기를 주고 싶다. 이 책은 기름부음 받은 하나님의 말씀을 기초로 하고 있다. 하나님의 말씀은 참으로 능력이 있다! 하나님의 말씀은 예리하다. 그리고 하나님의 말씀은 현재의 당신의 삶과 상황을 변화시킬 능력이 있다.

이 말씀들을 당신의 삶에 성실하게 선포할 때, 당신은 주님과 그분의 능력 안에서 견고히 성장할 것이다.

나사렛 예수 그리스도께서 살아 계신 것처럼 하나님의 말씀은 살아 있다. 주님은 부활하셨다! 그리고 그분은 인간의 생각으로는 도저히 이해할 수 없는 놀라운 사랑으로 당신을 사랑하신다.

하나님은 이사야 55장 11절의 말씀으로 놀라운 보증을 약속하신다.

내 입에서 나가는 말도 이와 같이 헛되이 내게로 되돌아오지 아니하고 나의 기뻐하는 뜻을 이루며 내가 보낸 일에 형통함이니라

여기서 보듯 기름부음 받은 하나님의 말씀은 주님이 약속하신 바를 성취하는 데 절대로 실패하지 않는다. 하나님의 말씀은 하나님께서 맡기신 일을 형통케 할 것이다.

그러므로 당신이 당신의 삶을 향해 하나님의 약속의 말씀을 선포하면, 그것은 초자연적인 과정을 통해 당신을 형통케 할 것이다!

당신의 삶을 향해 하나님의 말씀을 계속해서 선포하라. 변화가 일어날 때까지, 당신이 직면하고 있는 환경을 향해 하나님의 약속을 계속해서 고백하라. 당신의 삶이 변화되고 혁명이 일어날 때까지 날마다 이 말씀들을 고백하고 선포하라!

당신의 영에 하나님의 말씀을 먹이라. 매일 당신의 육신에 영양분을 공급하듯 당신의 영을 먹이라. 주님이 우리에게 하신 말씀을 기억하라. "사람이 떡으로만 살 것이 아니요 하나님의 입으로부터 나오는 모든 말씀으로 살 것이라"(마 4:4). 이 구절에서 예수님은 하나님의 말씀으로 당신의 영을 먹이는 것에 관해 말씀하고 계신다.

이 책은 당신이 이것을 이루도록 도와줄 것이다. 하지만 반드시 성경도 함께 읽어야 한다. 만일 당신이 초신자라면, 4복음서(마태복음, 마가복음, 누가복음, 요한복음)를 읽기를 권한다. 예수님의 말씀이 당신의 영혼 깊숙이 철저하게 스며들 때까지 계속해서 읽으라.

그리고 당신이 지금 읽고 있는 이 고백의 말씀이 나의 삶을 완전히 변화시킨 동일한 말씀이라는 것을 기억하라. 예수님이 내게 행하신 것보다 훨씬 더 놀라운 일들을 당신에게도 행하실 것이다.

이 선포의 말씀은 나를 가난에서 풍요로, 질병에서 건강으로, 어둠의 나라에서 그리스도의 놀라운 빛의 나라로 옮겨주었다! 이 말씀은 당신의 삶에도 동일하게 초자연적인 영향을 끼칠 것이다!

없는 것을 있는 것처럼 부르기 시작하라. 그리고 이 말씀들을 나사렛 예수 그리스도의 이름으로 선포해야 한다는 것을 기억하라. 하늘과 땅을 창조한 동일한 능력이 그 이름 안에 들어 있다. 당신이 말하고, 기도하고, 일상의 일을 할 때, 예수 그리스도의 놀라운 이름을 사용할 초자연적 권리와 특권을 받았음을 잊지 말라.

그리고 이 말씀을 선포할 때 "믿기만 하라"는 말씀을 또한 기억하라. 고린도전서 13장 13절은 말씀한다. "이제 믿음, 소망, 사랑 이 세 가지는 항상 있을 것인데 그 중의 제일은 사랑이라."

소망은 믿음을 활성화하는 감정이다. 달리 말하자면, 당신이 어떻게 느끼느냐가 중요한 것이 아니다. 당신에게 믿음이 있다는 것을 느끼지 못할 수도 있다. 하지만 당신은 마음에 소망을 품기로 결단할 수 있다. 이 선포의 말씀을 고백할 때, 생각 안에 그 말씀이 역사할 것에 대한 소망을 품으라.

당신이 미처 인식하기도 전에 당신의 소망은 바로 믿

음으로 성장할 것이다. 삶 가운데 직면하는 태산을 움직이기 위해 우리에게 필요한 단 한 가지는 아주 작은 믿음이라는 것을 기억하라. 소망으로부터 싹튼 믿음은 실제적으로 하나님의 말씀을 따라 행동하는 것임을 잊지 말라.

당신의 소망이 믿음으로 성숙할 것을 기대하라. 그리고 당신이 자신의 삶을 향해 하나님의 말씀을 선포함으로 주님께서 당신의 환경을 변화시키는 것을 보게 될 때, 당신의 믿음이 사랑으로 성숙할 것을 기대하라.

결코 포기하지 말라. 나 또한 돌파를 보기까지 수개월의 시간이 걸렸다는 것을 기억하라. 그럼에도 불구하고 나는 내 삶을 향해 선포한 하나님의 약속이 성취될 때까지 계속해서 주님께 감사를 드렸다.

주님께서 내 삶을 완전히 변화시키시기까지 2년 6개월의 시간이 필요했다. 주께서 오늘도 변함없이 그 일을 하고 계신다는 것은 진리이다. 예수님은 지금도 여전히 더 많은 은총과 더 많은 은혜와 더 많은 축복을 날마다 내 삶 가운데 붓고 계신다.

그래서 나는 주님의 말씀을 계속해서 고백하며 끊임없

이 하나님께 감사한다. 내가 주님을 찬양할 때, 그분은 내 앞에 놓인 태산을 계속해서 제거하신다! 당신은 이런 하나님 나라의 원리가 통하지 않는 곳을 결코 찾을 수 없을 것이다. 그러므로 당신이 영광을 경험할 때까지 날마다 하나님께 당신을 향한 그분의 약속을 상기시키며, 쉼 없이 하나님의 말씀을 선포하라!

불의한 재판장에게 간청한 과부처럼(눅 18:3) 계속 두드리고, 구하고, 당신의 상황을 아뢰라. 하나님은 공의와 자비의 하나님이시다. 주님은 공의와 하나님의 나라로부터 온 모든 좋은 것을 당신에게 베풀어주실 것이다.

당신은 그것을 헤아릴 수 있을 것이다. 주님은 선하시고 그분의 자비와 공의는 영원하다. 그러므로 우리는 삶 속에서 그것을 보기를 기대할 수 있다.

'그리스도 안에' 있는 당신이 누구인지를 기억하라. 주님 안에 있는 당신은 승리자이며, 그리스도와 함께하는 공동 상속자이다. 당신은 하나님의 자녀이며, 아브라함의 모든 축복이 당신의 삶에 나타나도록 예정되어 있다(창 12장, 창 22장, 엡 3:8-20).

하나님은 당신의 영혼이 잘됨과 같이 모든 것이 형통하고 강건하도록 창조하셨다. 당신은 왕이자 제사장이다. 그리고 당신에게는 하나님의 보좌 앞에 직접 나아가 당신의 상황을 아뢸 권리가 있다.

당신의 삶과 환경을 향해 이 말씀들을 선포하는 것이 바로 당신이 해야 할 일이다. 하나님은 그것을 듣고 계시며, 들으시는 즉시 재빨리 당신을 위해 권능으로 행하실 것이다. 당신이 미처 인식하기도 전에 주님은 당신의 상황을 바꾸실 것이다.

마지막으로 당신의 경계를 강화하는 것을 잊지 말라. 당신의 삶을 향한 이 성경적 고백들을 선포함으로 당신이 이미 얻어낸 돌파를 지키라. 회개와 용서의 삶을 사는 법을 배우라.

이 책의 말씀들은 당신이 그렇게 하는 것에 대해 확신을 줄 것이다. 그러면 당신은 곧 왕과 제사장으로서 그에 합당한 자리를 차지하게 될 것이다.

이제 당신은 하나님께서 당신을 위하신다면, 그 누구도 당신을 대적할 수 없다는 사실을 알 것이다! 당신의 삶 가운데 하나님의 임재와 은총을 실제적으로 누리게 될 것이다.

요한복음 1장 5절은 이 사실을 우리에게 알려 준다. "빛이 어둠에 비추되 어둠은 깨닫지 못하더라." 물론 이 말씀은 주님에 관한 말씀이다. 하지만 그것은 하나님의 말씀을 지칭하기도 한다. 당신이 하나님의 말씀을 선포할 때, 그것은 마치 당신의 삶 주변에 있는 어둠을 비추는 빛과 같이 당신의 혼의 어두운 밤을 몰아낸다.

전등을 켜면, 어둠은 즉시 사라진다. 우리가 하나님의 말씀을 선포하는 것이 바로 이와 같은 이치이다.

당신이 이 책에 있는 하나님의 말씀의 빛을 선포하면, 당신을 도적질하고 묶고 실패하게 하고 압제하는 어둠 속에 빛을 발산하게 된다. 하나님의 말씀의 빛은 당신을 억누르고 속박해오던 어둠과 악한 것들 위에 빛을 비추기 시작한다.

하나님의 말씀의 빛이 당신의 삶과 환경의 어둠을 비출 때, 어둠은 그 빛을 깨닫지 못한 채 어느새 사라질 것이다. 그 빛을 비출 때 당신의 영혼의 원수는 마치 바퀴벌

레처럼 허둥지둥 도망갈 것이다!

하나님은 빛이시고, 그분 안에는 어둠이 전혀 없다. 하나님의 말씀의 빛이 당신의 삶에 비추기 시작하면, 당신은 새로운 아침과 평강과 형통의 날, 은혜와 은총의 날을 보게 될 것이다! 욥기 22장 28절의 약속을 기억하라. "네가 무엇을 결정(선포)하면 이루어질 것이요 네 길에 빛이 비치리라."

당신이 하나님의 말씀을 말하고, 고백하고, 선포하고, 예언하면, 그것은 바로 하늘의 권능을 풀어내는 것이다. 또한 그것은 당신이 직면하고 있는 환경 속에 풍성한 삶, 번영, 은혜, 그리고 주님의 은총을 부르는 것이다. 주님은 당신이 선포하는 것들을 이루어주실 것이다. 왜냐하면 당신이 그분의 빛이 당신의 길에 비추도록 했기 때문이다. 그러므로 약속의 말씀이 당신의 삶 가운데 이루어질 것이다.

하나님의 말씀을 선포하라! 당신의 삶에 하나님의 말씀의 빛을 비추라! 시편 119편 105절은 우리에게 말씀한다. "주의 말씀은 내 발의 등이요 내 길에 빛이나이다."

하나님의 말씀이 당신의 모든 길에 찬란한 빛을 비추

길 기대하라. 그러면 성령의 가르침과 인도하심을 따라 영광의 주님께서 매일 매순간 당신의 발걸음을 인도해주실 것이다.

당신의 삶과 환경을 향해 주님의 말씀을 선포할 때, 말씀으로 우주를 창조하신 하나님께서 당신을 위해 새롭고, 형통하며, 축복된 삶을 창조하실 것을 기대하라.

그분의 말씀이 만물을 창조한 동일한 말씀이란 사실을 명심하라. 하나님께서 "빛이 있으라"고 말씀하시니 빛이 있었다! 따라서 당신이 그와 동일한 말씀을 당신의 삶을 향해 선포할 때, 하나님의 말씀이 당신을 위해 빛을 비추고 새롭고 흥미진진한 하늘의 소명과 생명을 당신에게 불어넣을 것을 기대하라! 할렐루야!

이제 큰 소리로 외쳐보라.

"나는 오늘 하나님의 선한 개입으로 인해 놀라운 축복과 은혜, 큰 은총을 누리고 있습니다. 나는 왕의 자녀입니다. 나는 멜기세덱의 반차를 따른 왕 같은 제사장이며 하나님의 은총(FOG) 가운데 있습니다! 예수님의 이름으로 기도합니다! 아멘!"

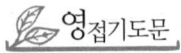 영접기도문

하나님의 말씀은 우리가 새로운 피조물로 거듭나 하나님의 가족이 될 수 있는 아주 단순한 방법을 알려준다. 당신은 영생을 유업으로 받아 천국에서 영원히 살 수 있다. 만일 당신이 당신의 죄값을 치르기 위해 십자가에서 죽으신 나사렛 예수 그리스도를 진심으로 살아 계신 하나님의 아들로 믿는다면, 당신도 구원받을 수 있다. 로마서 10장 10절은 우리에게 '거듭나는' 법을 알려준다. "사람이 마음으로 믿어 의에 이르고 입으로 시인하여 구원에 이르느니라." 만일 이것을 믿는다면, 다음의 단순한 기도문을 따라 기도하라.

하나님 아버지, 저는 예수 그리스도를 주님으로 고백합니다. 예수님이 하나님의 아들이신 것과 나의 죄를 용서하기 위해 십자가에 달려 피 흘려 죽으신 것을 진심으로 믿습니다. 그리고 예수님께서 삼일 후에 죽은 자들 가운데 다시 살아나신 것을 믿습니다. 살아 계신 예수님께서 지금 나를 구원하심을 믿습니다. 주님, 나는 죄인입니다. 나의 죄를 용서해주시고, 지금 구원해 주옵소서. 예수님의 이름으로 기도합니다. 아멘.

주님, 나를 구원해주셔서 감사합니다. 이제 나는 새로운 피조물이 되었습니다. 또한 하나님의 가족이 되었습니다. 나는 하나님의 의가 되었습니다. 할렐루야!

www.purenard.co.kr